WER IST TAYLOR SWIFT?

von Kirsten Anderson

Illustriert von Gregory Copeland

Coverillustration von Alexandra Helm

Für Natalie und Nick – GC

WHO IS TAYLOR SWIFT?
First published in the United States of America by Penguin Workshop,
an imprint of Penguin Random House LLC, New York, 2024

Text: Kirsten Anderson
Illustrationen: Gregory Copeland
Coverillustration: Alexandra Helm
Übersetzung: G.M. Pum
Satz deutsche Ausgabe: Julia Groier-Bleiweis

www.adrian-verlag.de
Adrian & Wimmelbuchverlag GmbH
Friedrichstraße 126, 10117 Berlin

ISBN-13: 9783985852284
Printed in EU 2024

INHALT

WER IST TAYLOR SWIFT?

Es war der Sommer 2006. Ein Country-Musik-Radiosender in Nashville, Tennessee, erfüllte Songwünsche von Hörern.

Der Moderator nahm einen Anruf live in der Sendung entgegen. Es hörte sich an wie ein junges Mädchen.

„Hi, kannst du den Tim McGraw-Song spielen, den du vorhin gespielt hast?", fragte sie.

Tim McGraw war einer der größten Stars der Country-Musik und er hatte viele Hits.

„Den von Taylor Swift."

Als die sechzehnjährige Taylor Swift auf der Fahrt durch Nashville Radio hörte, schrie sie „YES!" und rutschte fast von der Straße. Jemand hatte tatsächlich bei einem Radiosender angerufen und nach ihrem neuen Lied gefragt! Vielleicht wurde ihr Traum, ein Country-Musikstar zu werden, wahr.

Obwohl Taylor noch jung war, hatte sie bereits mit vielen Schwierigkeiten kämpfen müssen, als sie versuchte, in der Musikindustrie Fuß zu fassen. Man hatte ihr gesagt, Teenager würden keine Country-Musik hören und Erwachsene sich nicht für ihre Lieder interessieren. Sie hatte einen Vertrag mit einer

Plattenfirma abgelehnt, weil sie sich nicht sicher war, ob sie ihre eigene Musik aufnehmen dürfte.

Aber Taylor war von ihrem Gefühl überzeugt, dass sie etwas zu sagen hatte. Sie wusste, es gab viele Mädchen, die sich mit ihren Liedern identifizieren konnten. Auch sie gaben sich Mühe, sich in der Schule einzufügen und Freunde zu finden. Sie erlebten ihre erste Liebe und ihre ersten Trennungen, genau wie Taylor.

An diesem Tag, als sie eine Straße in Nashville entlangfuhr, hatte sie das Gefühl, einen großen Schritt in ihrer Karriere gemacht zu haben. Aber es war auch nur ein Schritt. Auf Taylor und ihr Team wartete noch viel Arbeit, aber sie war bereit dafür.

Taylor Swift plante, die Musik zum Mittelpunkt ihres Lebens zu machen - und sie wollte ihre Fans mitnehmen auf diese aufregende Reise.

KAPITEL 1

DAS LEBEN AUF EINER FARM

Taylor Alison Swift wurde am 13. Dezember 1989 in West Reading, Pennsylvania, geboren. Ihr Vater Scott arbeitete im Bankwesen, ebenso ihre Mutter Andrea, bevor sie Hausfrau

wurde. Als Taylor zwei Jahre alt war, wurde ihr Bruder Austin geboren.

Taylor und ihre Familie lebten auf einer Weihnachtsbaumfarm, die ihr Vater von einem seiner Kunden gekauft hatte. Jeden Morgen stand Scott früh auf, um die Arbeit auf der Farm zu erledigen, bevor er ins Büro ging. Der Rest der Familie half bei anderen Aufgaben mit, besonders in der Weihnachtszeit.

Taylors Aufgabe war es, die Eier der Gottesanbeterin aus den Bäumen zu pflücken, damit sie nicht in den Häusern der Menschen schlüpften! Die aufregende Weihnachtszeit auf dem Bauernhof legte den Grundstein für Taylors lebenslange Liebe für diese besondere Zeit.

Die Familie hielt auch Pferde auf der Farm und Taylor begann schon früh, auf ihnen zu reiten. Sie nahm an Reitwettbewerben teil und ihre Mutter träumte davon, Taylor würde später einmal eine Meisterin im Reiten werden. Aber Taylor fühlte sich zu etwas anderem hingezogen.

Sobald sie sprechen konnte, begann Taylor zu singen. Sie spielte Melodien auf Spielzeugklavieren nach und lernte alle Lieder aus ihren Lieblings-Disneyfilmen. Als sie sechs Jahre alt war, nahmen ihre Eltern sie zu einem Konzert des jungen Country-Stars LeAnn Rimes mit. Taylor war verzaubert. Sie begann, andere beliebte Country-Sängerinnen wie Faith Hill, Shania Twain und die Dixie Chicks (heute bekannt als die Chicks) zu hören. Taylor war fasziniert von der Art, wie Country-Songs Geschichten erzählten. Manchmal, wenn ein Song, den sie mochte, endete, setzte sie die Geschichte selbst fort, indem sie Strophen sang, die sie sich ausgedacht hatte.

Taylor trat in lokalen Kindertheaterproduktionen auf. Mit neun Jahren nahm sie in New York City Gesangs- und Schauspielunterricht. Ihre Eltern schenkten ihr eine Gitarre, aber sie war zu groß für sie, und Taylor verlor das Interesse daran.

Aber Taylor wollte immer noch singen. Sie bat ihre Eltern, sie in Restaurants mitzunehmen, in denen Karaoke-Wettbewerbe stattfanden, bei denen die Leute bekannte Lieder mitsingen konnten. Sie fand Sportveranstaltungen in kleineren Ligen, wo sie vor einem Spiel die Nationalhymne singen durfte.

Das half ihr, sich an Auftritte vor großen Menschenmengen zu gewöhnen. Sie durfte sogar die Nationalhymne vor Tausenden von Menschen bei einem Basketballspiel der Philadelphia 76ers singen! Taylor liebte es zu singen und wenn das Publikum für sie applaudierte. Immer wollte sie den Leuten gefallen.

Schon damals wusste Taylor, dass sie Country-Sängerin werden wollte. Im Alter von elf Jahren flehte sie ihre Mutter an, sie nach Nashville, der Heimat der Country-Musik, mitzunehmen, um einen Plattenvertrag zu bekommen. Taylor und ihre Mutter fuhren die Straßen von Nashvilles berühmter Music Row auf und ab. Hier haben alle großen Plattenfirmen ihre Büros. In jedem Büro gab Taylor eine Aufnahme ihrer

Karaoke-Auftritte ab. Aber keine der Plattenfirmen zeigte sich interessiert. Viele Produzenten und Führungskräfte waren der Meinung, Teenager hörten keine Country-Musik.

Taylor war enttäuscht, aber noch nicht bereit, aufzugeben. Sie verstand nun, dass es nicht einfach war, einen Plattenvertrag zu bekommen. Sie musste einen Weg finden, um aus der Masse herauszustechen.

In der Mittelschule war Taylor nicht gerade beliebt. Ihre Freunde nannten sie "nervig" und machten sich über sie lustig, weil sie sich so sehr an die Regeln hielt. An manchen Tagen wollte niemand in der Schule mit ihr sprechen. Wenn sie sich zum Mittagessen an einen Tisch setzte, standen die Mädchen auf und gingen weg. Taylor hatte oft das Gefühl, die einzige Freundin, die sie hatte, war ihre Mutter.

Aber sie wusste, auf die Musik konnte sie sich immer verlassen, um sich aufzuheitern. Als Taylor zwölf Jahre alt war, begann sie, Gitarrenunterricht bei einem lokalen Musiker namens Ronnie Cremer zu nehmen. Sie verliebte sich in das Gitarrenspiel und übte stundenlang am Tag. Dann fing Taylor an, ihre eigenen Songs zu komponieren.

Sie hatte schon immer gerne geschrieben und gedichtet, und so fiel es ihr leicht, ihre Worte in Musik umzusetzen. Taylor ließ all den Herzschmerz und den Schmerz, den sie durch ihre Kämpfe in der Schule empfand, in ihre Lieder einfließen.

Taylor hatte nach einer Möglichkeit gesucht, sich von den anderen Sängern abzuheben – vor allem von denen in Nashville. Jetzt hatte sie ihn gefunden. Sie war nicht nur eine Sängerin. Sie war eine Songwriterin.

KAPITEL 2

EIN RISIKO EINGEHEN

2003 engagierte Taylor den Manager Dan Dymtrow, der schon andere Musiker am Anfang ihrer Karriere unterstützt hatte. Er vermittelte ihr einige Modeljobs und half ihr, wichtige Leute bei Plattenfirmen zu treffen.

DAN DYMTROW

Mit dreizehn Jahren wurde Taylor von RCA Records unter Vertrag genommen. Sie würden ein Jahr lang mit ihr zusammenarbeiten, und falls ihre Fortschritte überzeugten, könnten sie ihr helfen, ein Album zu machen.

Es bedeutete keine Garantie, aber RCA zählte zu den größten Plattenfirmen in der Musikbranche. Es bedeutete, Taylor war vielversprechend.

Taylors Eltern erkannten, dass es an der Zeit war, Pennsylvania zu verlassen. Ihr Vater wechselte in das Büro seiner Firma in Nashville, und die Familie zog in einen Vorort außerhalb der Stadt namens Hendersonville.

Taylor fühlte sich sofort wohler, als sie die Hendersonville High School besuchte. In Hendersonville hielt man es nicht für seltsam, Country-Sängerin werden zu wollen. Hier kannten viele Leute jemanden aus dem Musikgeschäft.

An ihrem ersten Schultag fand Taylor eine beste Freundin, Abigail Anderson. Oft teilte sie ihre Songs erstmal mit Abigail, bevor sie sie jemand anderem vorstellte. Es half Taylor, Menschen um sich zu haben, die ihre Träume unterstützten.

ABIGAIL ANDERSON MIT TAYLOR

Im Jahr 2004 traf Taylor eine wichtige Entscheidung. Ihr Vertrag mit RCA stand erneut zur Verhandlung an. Das Unternehmen war der Meinung, vor ihrem 18. Lebensjahr sei sie nicht bereit, ein Album aufzunehmen.

Taylor wollte nicht vier weitere Jahre warten und beschloss, ihren Vertrag nicht zu verlängern. Das war ein großes Risiko. Musiker in ganz Nashville würden alles für einen Vertrag mit einer großen Firma wie RCA tun. Aber Taylor hatte einfach das Gefühl, für sie war es nicht das Richtige.

Stattdessen trat sie wieder bei Talent-Shows in Nashville auf. Taylor schickte Werbepakete mit Aufnahmen ihrer Musik an Plattenfirmen und Musikverlage. Obwohl ihr Vertrag mit RCA nicht zustande gekommen war, half es ihr, Leute aus der Branche zu treffen und die Chance zu bekommen, für sie aufzutreten.

Eines Abends im November 2004 begann sich Taylors Risiko auszuzahlen. Sie bekam die Chance, im Bluebird Café aufzutreten, einem der berühmtesten Veranstaltungsorte für Live-Musik in Nashville. Viele bekannte Country-Künstler hatten dort ihre Anfänge gemacht.

An diesem Abend gab Taylor drei ihrer eigenen Songs zum Besten. Im Publikum saß Scott Borchetta, ein Manager der Universal Music Group, einer anderen großen Plattenfirma. Taylor war kürzlich bei ihm aufgetreten und hatte ihren bevorstehenden Auftritt im Bluebird Café erwähnt. Nach der Show sagte er Taylor, er wolle ihr einen Plattenvertrag anbieten. Er hatte jedoch vor, die Universal Music Group zu verlassen, um seine eigene Plattenfirma zu gründen, und könnte sie deshalb nicht vor 2005 unter Vertrag nehmen. Taylor versprach, über sein Angebot nachzudenken.

SCOTT BORCHETTA

In der Zwischenzeit hatte Sony/ATV, ein Musikverlag, Taylor einen Vertrag als Songwriterin angeboten. Songwriter werden jedes Mal bezahlt, wenn

ihr Song gespielt oder aufgeführt wird, auch von anderen Künstlern. Einen Hit zu schreiben, zählt zu einer der besten Möglichkeiten, um in der Musikindustrie Geld zu verdienen. Bei Sony/ATV konnte Taylor mit den vielen bekannten Songwritern des Unternehmens zusammenarbeiten und von ihnen lernen. Taylors neue Co-Autoren entdeckten allerdings schnell, dass sie nicht viel Hilfe brauchte. Eine ihrer Co-Autorinnen, Liz Rose, erzählte, sie würde oft nur beim Editieren der Songs helfen, die Taylor größtenteils geschrieben hatte.

LIZ ROSE

Zehn Tage nach dem Auftritt im Bluebird Café rief Taylor Scott Borchetta an und erklärte sich bereit, mit der Unterzeichnung bei seiner neuen Firma Big Machine Records zu warten. Sie dachte, eine kleine Firma würde in der Lage sein, ihrer Entwicklung als Künstlerin mehr Aufmerksamkeit zu schenken.

Zwischen der mündlichen Vereinbarung mit Scott Borchetta und der Unterzeichnung ihres offiziellen Plattenvertrags nutzte Taylor die Zeit, um weitere Songs zu schreiben. Eines dieser Lieder erdachte sie während des Matheunterrichts. Ein Junge, mit dem sie sich getroffen hatte, beendete die Beziehung, weil er aufs College gehen wollte. Sie schrieb über die Dinge, von denen sie hoffte, sie würden ihn an sie erinnern, einschließlich ihres Lieblingssongs von Tim McGraw. Nach der Schule stellte sie das Lied mit Liz Rose fertig.

Nachdem sie im Herbst 2005 ihren Vertrag unterschrieben hatte, begann Taylor mit den Aufnahmen zu ihrem ersten Album. Am 19. Juni 2006 gab die Plattenfirma ihren Song “Tim McGraw” als Single an die Radiosender heraus. Borchetta wusste, dass es ein guter Song war. Er wusste auch, der Titel würde die Aufmerksamkeit der Leute erregen.

Eines Abends hörte ihn Taylor im Rahmen einer "Song-Challenge" bei einem beliebten Radiosender in Nashville. Der Sender spielte einen neuen Song, und dann konnten die Hörer anrufen und sagen, ob sie ihn mochten oder nicht. Nervös saß Taylor mit ihren Freunden im Auto und hörte zu, wie die Anrufer abstimmten. Zu ihrer Erleichterung mochten die Leute ihren Song, und ein Hörer bat den Radiomoderator sogar darum, ihn noch einmal zu spielen!

KAPITEL 3

DER BESTE TAG

TAYLOR ERHÄLT CDS MIT IHREM SONG “TIM MCGRAW”

Einen Song zu veröffentlichen war der einfache Teil. Die Leute dazu zu bringen, ihn zu hören, erforderte Arbeit. Taylor und ihre Mutter gingen auf Reisen und besuchten so viele Country-Radiosender wie möglich. Bei jedem Sender spielte Taylor ihre Songs den Programmdirektoren vor.

Manchmal brachte sie selbstgebackene Kekse mit, um die Leute für sich zu gewinnen. Taylor trat sogar bei kleinen Konzerten im Freien auf, wo sie Schilder mit ihrem Namen anbrachte.

Taylor fand auch einen neuen Weg, um mehr Zuhörer zu erreichen. Myspace war eine frühe Social-Media-Plattform,

die bei Teenagern sehr beliebt war. Taylor nutzte sie, um Bilder zu posten, über ihr Leben zu schreiben und auf Fragen zu antworten. Bevor es soziale Medien gab, war es für Fans sehr schwierig, direkt mit ihren Lieblingsstars in Kontakt zu treten. Indem sie Taylors Profil auf Myspace verfolgten, hatten ihre Fans das Gefühl, ihre Freunde zu sein. Die meisten Plattenfirmen und älteren Musiker nutzten die sozialen Medien überhaupt nicht. Taylor halfen sie jedoch, sich eine treue Fangemeinde aufzubauen.

Taylors selbstbetiteltes erstes Album wurde am 24. Oktober 2006

veröffentlicht und klang wie traditionelle Country-Musik: Gitarren und Banjos begleiteten die Songs, die Taylor mit einem Country-Näseln sang. Alle Songs handelten von Teenager-Erfahrungen wie Verknalltsein und dem Versuch, sich in der Schule anzupassen. Bis Juni 2007 hatte sich das Album über eine Million Mal verkauft.

Im Jahr 2007 tourte Taylor als Vorgruppe für einige der größten Stars der Country-Musikszene, darunter George Strait, Brad Paisley und Keith Urban. Taylor durfte sogar für

FAITH HILL UND TIM MCGRAW MIT TAYLOR
BEI DEN ACADEMY OF COUNTRY MUSIC AWARDS, 2007

Tim McGraw und seine Frau Faith Hill eröffnen!

Nach den Konzerten gab sie stundenlang Autogramme für ihre Fans. Taylors Fans hatten einen Spitznamen geschaffen: Swifties.

GEHEIME BOTSCHAFTEN

Taylor liegen die Worte, die sie schreibt, sehr am Herzen, und sie wollte sicherstellen, dass die Menschen sie lesen. Von ihrem ersten Album bis 1989 versteckte sie geheime Botschaften in den Textheften ihrer Studioalben. Die meisten Texte in den Booklets waren in Kleinbuchstaben geschrieben, aber einige Buchstaben waren großgeschrieben. Die großgeschriebenen Buchstaben standen für Namen oder Sätze.

Die Fans wurden aufmerksam und es wurde schnell zu einem Spiel für sie, die in jedem Song versteckten Botschaften zu entschlüsseln.

Taylor gibt auch Hinweise und Rätsel in ihren Videos, in den sozialen Medien und sogar bei ihren Live-Auftritten. Sie sagt, es gefällt ihr, dass ihre Fans das Ratespiel genießen. "Solange es ihnen gefällt, werde ich weitermachen. Es macht Spaß. Es fühlt sich spitzbübisch und verspielt an."

Taylors voller Terminkalender machte es erforderlich, dass sie zu Hause unterrichtet wurde. Ihre Schularbeiten erledigte sie auf Flughäfen oder in Tourbussen. Wenn sie nicht gerade lernte, schrieb und nahm sie neue Songs für ihr nächstes Album auf. Das Album enthielt dreizehn Songs. Taylor mochte es, Symbole und Verbindungen in Zahlen zu finden, und ihre Lieblingszahl war dreizehn.

Fearless wurde am 11. November 2008 veröffentlicht.

Taylor erklärte, „furchtlos bedeutet, immer wieder aufzustehen und für das zu kämpfen, was man will, ... auch wenn man jedes Mal, wenn man es zuvor versucht hat, verloren hat. Es ist furchtlos, daran zu glauben, dass sich die Dinge eines Tages ändern werden”. Fearless war ein Riesenerfolg und hielt sich elf Wochen lang auf Platz eins der Billboard 200-Charts. Vier der Songs aus dem Originalalbum erreichten die Top Ten der Single-Charts.

Ihre erste Tournee als Hauptact begann Taylor im Jahr 2009, als sie neunzehn Jahre alt war. Es war eine große Show mit Tänzern, Kulissen und Kostümen, die zu den

Songs passten. Aber viele der denkwürdigsten Momente waren die einfachsten. Während einiger Songs ging Taylor ins Publikum, um die Fans zu begrüßen. Und während der Show suchte ihre Mutter nach den Fans mit den besten Schildern, den kreativsten Kostümen oder einfach der größten Begeisterung. Diese Fans wurden im Anschluss an die Show zu einer “T-Party” hinter die Bühne zu Taylor eingeladen, wo sie die Gelegenheit hatten, sich mit ihr zu treffen und Fotos mit ihr zu machen.

T-PARTY WITH TAYLOR, 2009

Im September 2009 ging Taylor zu den MTV Video Music Awards. Ihr Hit “You Belong with Me” war für den Preis für das beste weibliche Video nominiert und sie sollte dort auftreten. Viele der größten Musikstars würden ebenfalls im Publikum sitzen.

Taylor war schockiert, als ihr Name als Gewinnerin des Preises für das beste weibliche Video bekannt gegeben wurde. Sie ging auf die Bühne und umarmte die Moderatoren, bevor ihr der Preis überreicht wurde. Doch gerade als sie mit ihrer Dankesrede begann, sprang der Rapper Kanye West auf die Bühne.

Er nahm Taylor das Mikrofon aus der Hand und verkündete, dass Beyoncé, eine weitere Künstlerin, die für den Preis nominiert war, "eines der besten Videos aller Zeiten" produziert habe. Er meinte, Beyoncé hätte anstelle von Taylor gewinnen sollen.

Die Menge buhte Kanye lautstark aus. Aber für Taylor, die erstarrt auf der Bühne stand, hörte es sich an, als würde das gesamte Publikum sie ausbuhen. Vielleicht waren sie der gleichen Meinung wie Kanye. Vielleicht hatte sie es nicht verdient, dort zu stehen. Taylor war am Boden zerstört. Sie schlich sich leise von der Bühne und weinte mit ihrer Mutter. Aber es blieb ihr nicht viel Zeit, um sich zu erholen, denn sie musste nochmals auf die Bühne, um aufzutreten. Später, als Beyoncé den Preis für das Video des Jahres gewann, bat sie Taylor auf die Bühne, um ihre Rede zu beenden.

Das Ereignis sorgte überall für Schlagzeilen. Kanye entschuldigte sich bei Taylor in einem öffentlichen Posting im Internet und die beiden sprachen privat über den Vorfall.

Aber die Geschichte wollte nicht verschwinden. Einige Leute behaupteten sogar, die peinliche Unterbrechung wäre gut für Taylors Karriere gewesen. Vor der Show war sie

vor allem bei Country-Musik-Fans und Teenie-Mädchen bekannt. Jetzt sprach jeder über Taylor und Kanye. Taylor wurde ständig darauf angesprochen, auch wenn sie sagte, sie wolle nicht mehr darüber reden.

Dieser Moment sollte sie noch jahrelang verfolgen.

KAPITEL 4

ERST SPRINGEN DANN FALLEN

Taylors Sieg und ihre neu gewonnene Popularität führten zu weiteren Möglichkeiten. Sie schrieb zwei Songs für Hannah Montana: The Movie. Sie bekam ihre allererste professionelle Schauspielrolle als Gaststar in einer Folge der beliebten Fernsehsendung CSI: Crime Scene Investigation. Sie spielte einen rebellischen Teenager. Diese Figur verkörperte das komplette Gegenteil von Taylor, die oft fröhlich war.

TAYLOR ALS SCHAUSPIELERIN IN CSI:
CRIME SCENE INVESTIGATION

Die Zuschauer waren von ihren schauspielerischen Fähigkeiten beeindruckt. Im Herbst 2009 drehte sie eine Rolle in dem Film “Valentinstag” und schrieb auch einen Song für den Soundtrack.

Fearless wurde 2009 sowohl von der Academy of Country Music als auch von der Country Music Association als Album des Jahres ausgezeichnet. Im Jahr 2010 wurde es mit vier Grammy Awards ausgezeichnet, darunter die höchste

TAYLOR MIT IHREN GRAMMY AWARDS, 2010

Auszeichnung des Abends, das Album des Jahres.

Für Taylor bedeutete das ein wahr gewordener Traum. Aber nicht alles war perfekt. Während eines Duetts mit Rocklegende Stevie Nicks bei den Grammys sang Taylor falsch. Hinterher sprachen die Leute darüber, wie schlecht sie geklungen hatte. Ein Musikkritiker, der sie noch nie gemocht hatte, sagte über Taylors Stimme, sie sei der Beweis dafür, dass sie nicht singen könne.

Nicht zum ersten Mal hatten die Leute bemerkt, dass Taylor keine starke Gesangsstimme hatte. Sie wusste, sie hatte nicht den Umfang oder die Kraft anderer Sängerinnen und Sänger, und hatte sich deshalb immer damit verteidigt, sie wäre in erster Linie eine Songwriterin. Ihre Stimme war nur ein Mittel, um ihre Geschichten zu erzählen. Doch anstatt sich selbst zu bemitleiden, nutzte Taylor die harschen Worte als Motivation und absolvierte eine Gesangsausbildung, um ihre Stimme zu stärken und zu lernen, sie besser einzusetzen.

Taylor wusste auch, viele Leute in der Musikbranche glaubten nicht, sie würde ihre Songs wirklich selbst schreiben. Sie dachten, ihre Co-Autoren erledigten den größten Teil der Arbeit. Deshalb beschloss Taylor, für ihr nächstes Album alle Songs selbst zu schreiben. Der Song "Mean" war eine Antwort auf die Kritiker, die sich über ihre Stimme beschwert hatten. In "Back to December" schrieb sie über Fehler, die sie in einer Beziehung gemacht hatte.

Taylor nannte das Album Speak Now. In den Liner Notes des Albums erklärte Taylor, wie sehr sie es bedauert, zu verschiedenen Zeiten in ihrem Leben nicht über ihre Gefühle gesprochen zu haben. Sie ermutigte ihre Zuhörer, nicht denselben Fehler zu machen.

Speak Now wurde am 25. Oktober 2010 veröffentlicht. Es hielt sich insgesamt sechs Wochen auf Platz eins der US-Billboard 200 Charts.

Die Leute lobten die Songs auf Speak Now. Aber die Texte in vielen Liedern lösten bei den Hörern auch ein Ratespiel aus.

Auf ihren ersten Alben waren die Freunde und Schwärme, über die Taylor schrieb, meist Leute, die sie von der Highschool kannte. Aber jetzt verbrachte Taylor Zeit mit berühmten Leuten in Hollywood. Sie freundete sich mit bekannten Schauspielerinnen wie Selena Gomez und Emma Stone an. Im Jahr 2008 ging sie mit Joe Jonas aus, einem Mitglied der Jonas Brothers und einem Disney-Musicalstar. Auf Fearless hatte sie einen Song darüber aufgenommen, wie er in einem kurzen Telefonat Schluss mit ihr gemacht hatte. Speak Now enthielt weitere Songs über Joe sowie Taylor Lautner, einen jungen Filmstar, mit dem sie während der Dreharbeiten zu Valentine's Day zusammen war. "Dear John" war ein bitterer Song, von dem weithin angenommen wurde, er handelte von Taylors kurzer Beziehung zu John Mayer, einem viel älteren Singer-Songwriter.

Taylor hielt das nicht für eine große Sache. Sie scherzte sogar während der "Fearless"-Tour und als Gastgeberin einer Folge der Comedy-Sketch-Show "Saturday Night Live"

TAYLOR UND SELENA GOMEZ

darüber. Männliche Songschreiber hatten schon immer über ihre Romanzen geschrieben. Taylor war der Meinung, dass sie nur ehrlich über ihr Leben schrieb.

Viele Eltern sahen in Taylor ein Vorbild. Sie war höflich und hatte nicht mit Suchtproblemen oder schwierigem Verhalten zu kämpfen wie andere Teenager-Prominente. Die

TAYLOR MODERIERT SATURDAY NIGHT LIVE, 2009

Eltern fanden es in Ordnung, dass ihre Kinder ihre Musik hörten und zu ihren Konzerten gingen, weil sie als nettes Mädchen galt.

Sie versuchte, perfekt zu sein. Aber das war nicht einfach. Taylor machte sich Sorgen darüber, wie ihr Tun auf ihre jungen Fans wirkte. Sie fühlte sich für sie verantwortlich und fürchtete, Fehler zu machen. Es war eine Menge Druck für eine einzelne Person, mit dem sie umgehen musste.

KAPITEL 5

LIEBESGESCHICHTEN

Die Speak Now-Welttournee begann im Februar 2011 und dauerte bis März 2012. Bei den Shows traten oft verschiedene musikalische Gäste auf, um mit Taylor zu singen, darunter Selena Gomez, Hayley Williams, Justin Bieber, Nicki Minaj und Usher. Vor jeder Show schrieb Taylor den Text eines Songs auf ihren Arm.

Einige Texte waren einfach Zeilen aus ihren Lieblingsliedern, die ihr gefielen. Andere wurden passend zu ihrer Stimmung an diesem Abend ausgewählt. Die Fans hatten ihren Spaß beim Versuch, die Bedeutung zu erraten. Auch die "T-Party"-Treffen nach jeder Show setzte sie fort.

Für ihr nächstes Album wollte Taylor einen neuen Sound ausprobieren. Sie nahm zwar einige Songs im Country-Stil auf, entschied sich aber auch, mit Plattenproduzenten zusammenzuarbeiten, die ihr bei der Entstehung von Pop-Hits geholfen hatten. Plattenproduzenten überwachen die Aufnahme eines Songs. Sie helfen den Musikern bei der Auswahl der Beats, der Instrumente, die gespielt werden, und der Effekte, die einer Aufnahme hinzugefügt werden können. Ein Plattenproduzent kann die Art und Weise, wie ein Song klingt, verändern.

Taylor nannte das Album Red, weil sie sagte, es gehe um starke oder "rote" Gefühle. Viele der Songs handelten von einer schwierigen Romanze, die schlecht endete. Die Fans vermuteten, es ginge hauptsächlich um Taylors kurze Beziehung mit dem Schauspieler Jake Gyllenhaal. Taylor nannte es ihr "einzig wahres Trennungsalbum".

Red, veröffentlicht am 22. Oktober 2012, wurde Taylors drittes Nummer-Eins-Album in Folge. Der Song “We Are Never Ever Getting Back Together” war Taylors erster Nummer-Eins-Song in den *Billboard* Hot 100 Charts. Die *Red-* Tour lief von März 2013 bis Juni 2014.

Obwohl die erfolgreichsten Songs von Red Pop-Hits waren, galt Taylor immer noch als großer Country-Star. Bei den Country Music Association Awards im Herbst 2013 wurde sie mit dem Pinnacle Award ausgezeichnet, der höchsten Auszeichnung der Country-Musik. Diese Auszeichnung war zuvor nur einmal vergeben worden, an den Sänger Garth Brooks.

Im Oktober 2013 nahm Taylor an der Eröffnung des Taylor Swift Education Center in der Country Music Hall of Fame and Museum in Nashville teil. Taylor hatte vier Millionen Dollar gespendet, um die Einrichtung eines Lernzentrums im Museum zu unterstützen.

Das Zentrum umfasst Ausstellungen zum Thema Musik und Kurse, in denen Schüler das Schreiben von Liedern und das Spielen von Musikinstrumenten erlernen können.

Taylor war eine der berühmtesten Sängerinnen der Welt, aber sie versuchte, ein normales Leben zu führen. Sie nahm sich immer noch Zeit für ihre Freunde, darunter ihre beste Freundin aus der Highschool Abigail. Als bekannte Katzenliebhaberin teilte Taylor Bilder und Videos von ihren Katzen in den sozialen Medien. Eine davon hieß Meredith Grey, nach einer Figur in einer ihrer Lieblingsserien, Grey's Anatomy. Die andere, Olivia Benson, erhielt ihren Namen von einer Figur aus einer anderen Lieblingsserie, *Law & Order: SVU.*

Taylor genoss es auch, neue Leute kennenzulernen und mit ihnen auszugehen. Sie ging kurz mit Conor Kennedy, einem Mitglied der berühmten Kennedy-Familie, und dem One Direction-Sänger Harry Styles aus. Sie hielt es für normal, dass eine junge Frau in ihren frühen Zwanzigern mit verschiedenen Leuten ausging.

TAYLOR UND HARRY STYLES

Doch für viele waren Taylors Verabredungen inzwischen zu einer Quelle der Unterhaltung geworden. Talkshow-Moderatoren machten unhöfliche Kommentare darüber, mit wie vielen Männern Taylor ausgegangen war. Comedians und Moderatoren von Preisverleihungen warnten Männer, sich von ihr fernzuhalten, weil sie einen gemeinen Song über sie schreiben könnte!

Taylor war darüber zutiefst verletzt. Sie wollte für ihr Songwriting bekannt sein, nicht dafür, mit wem sie ausgegangen war. Dies war das erste Mal, dass sie wegen ihres Privatlebens angegriffen wurde. Aber es würde nicht das letzte Mal sein.

KAPITEL 6

WILLKOMMEN IN NEW YORK

Taylor hatte in Nashville gelebt, seit sie vierzehn war. Anfang 2014 beschloss sie, dass sie eine Veränderung brauchte, und so zog die vierundzwanzigjährige Taylor nach New York City.

Da die Fotografen Taylor überallhin folgten, stellte sie Vollzeit-Leibwächter zu ihrem Schutz ein. Dennoch versuchte sie, so oft wie möglich das Stadtleben zu genießen. Man sah Taylor häufig in Restaurants, beim Einkaufen oder im Fitnessstudio. Sie schnitt ihr langes, gewelltes Haar auf Schulterlänge. Sie verkehrte mit Models wie Karlie Kloss, Gigi Hadid und Martha Hunt sowie mit jungen Hollywood-Stars wie Selena Gomez und Hailee Steinfeld.

Sie wurden ständig zusammen fotografiert. Die Leute nannten sie Taylors "Truppe". Taylor hatte nie vergessen, wie sie sich in der Mittelschule gefühlt hatte, als man sie schikanierte oder nicht einbezog. Sie war begeistert, so viele Freunde zu haben.

Taylor wollte all die wunderbaren Dinge erleben, die die Großstadt zu bieten hatte, aber sie wusste, sie wurde ständig beobachtet. Manchmal wurden auf Websites Bilder gepostet, von denen Taylor dachte, sie sähe übergewichtig aus. Sie begann, Mahlzeiten auszulassen oder länger zu trainieren, wenn sie das Gefühl hatte, zu viel gegessen zu haben. Oft ging ihr während der Auftritte die Energie aus, weil sie nicht genug gegessen hatte. Sie redete sich ein, es ginge ihr gut. Aber so war es nicht. Taylor kämpfte mit einer Essstörung. Wie viele Menschen mit Essstörungen erkannte sie nicht, dass sie ein Problem hatte und einen ungesunden Lebensstil führte.

Wie immer fand Taylor jedoch Frieden in ihrer Musik. Neben dem Umzug in eine neue Stadt beschloss sie, es wäre an der Zeit, sich vollständig von der Country-Musik zu lösen. Taylors neue Songs waren voller elektronischer Klänge, die in der von ihr geliebten Musik der 1980er Jahre beliebt waren. Anstelle von Fiedeln und Banjos kamen in Taylors Liedern Synthesizer und Drumcomputer zum Einsatz. Sie nannte das Album 1989, nach dem Jahr ihrer Geburt. Sie sagte, es sei eine Wiedergeburt ihrer selbst als Künstlerin.

Von September bis Oktober 2014 hielt Taylor eine Reihe von "Geheimsitzungen" für 1989 ab. In Nashville, Los Angeles, New York, Rhode Island und London wurden Superfans zu einem Ort eingeladen, an dem sie Taylor treffen und 1989 zum ersten Mal hören konnten. Bei jeder Veranstaltung servierte Taylor Pizza und selbstgebackene Kekse. Sie unterhielt sich mit jedem Einzelnen und machte Fotos mit ihnen.

Das gab Taylor die Möglichkeit, ihre Dankbarkeit zu zeigen und die Vorfreude auf das Album zu steigern.

Am 27. Oktober 2014 wurde 1989 veröffentlicht.

Das Album schoss schnell auf Platz eins der Billboard-Charts und verkaufte sich millionenfach. Der Erfolg von 1989 fiel in eine schwierige Zeit für die Musikindustrie. Anstatt physische Alben zu kaufen, nutzten die Hörer Musik-

Streaming-Dienste, die es ihnen ermöglichten, beliebige Songs von beliebigen Künstlern anzuhören. Diese Streaming-Dienste boten zwar spezielle, kostenpflichtige Höroptionen an, doch die meisten Dienste offerierten auch eine kostenlose Grundoption. Wenn Musiker für digitale Streams eines Songs bezahlt wurden, anstatt für den Verkauf eines physischen Albums oder einer Single, verdienten sie weniger Geld.

Taylor hat dieses System in Frage gestellt. Anfang November entfernte sie ihre gesamte Musik auf Spotify, einem der größten Streaming-Dienste. Sie argumentierte, das Unternehmen hätte ein System, das Künstlern weniger für ihre Musik bezahlte. Im Juni 2015 kündigte Taylor an, dass sie 1989 bei einem anderen Streaming-Dienst, Apple Music, entfernen würde, da dieser die Künstler nicht fair bezahle. Apple änderte daraufhin seine Bezahlungsmethode, und Taylor stimmte zu, ihre Musik weiterhin dort zu veröffentlichen.

Taylor stand 2015 vor einer weiteren persönlichen Herausforderung. Im April wurde bei ihrer Mutter Krebs diagnostiziert. Andrea schloss die Behandlung ihrer Krebserkrankung erfolgreich ab, aber das war ein großer Schock für Taylor. Sie betrachtete ihre Mutter als ihre beste Freundin und wollte sie so lange wie möglich bei sich haben.

Im Mai veröffentlichte Taylor ein Video zu ihrem Song "Bad Blood". In dem Video spielte der 25-jährige Star und ihre Gruppe berühmter Freunde eine Geschichte über einen Freund nach, der Taylor verraten hat. Es wurde wie ein Actionfilm gedreht und gewann den Grammy für das beste Musikvideo.

SZENE AUS DEM "BAD BLOOD"-MUSIKVIDEO

Auf die Frage von Reportern hin deutete Taylor an, der Song handelte vom Verrat eines echten Freundes. Die Fans errieten anhand von Hinweisen, dass Taylor von der Sängerin Katy Perry sprach. Später erklärte Katy, dass einige Tänzer, mit denen sie normalerweise zusammenarbeitete, auf einer von Taylors Tourneen mitgemacht hatten. Als Katy jedoch mit den Vorbereitungen für ihre eigene Tournee begann, teilten die Tänzer Taylor mit, sie würden ihre Tournee verlassen, um mit Katy zu proben. Katy fand es in Ordnung, dass sie zu ihr zurückkamen. Aber Taylor schien zu denken, Katy versuchte, ihre Tournee 1989 zu ruinieren.

Einige Leute stellten Taylors Handeln in Frage. Taylor

KATY PERRY

hatte gesagt, sie glaube daran, andere Frauen zu unterstützen. Doch sie hatte einen Song geschrieben und ein Video gedreht, in dem es darum ging, sich an einer Ex-Freundin wegen eines einfachen Missverständnisses zu rächen. Das war keine Unterstützung. Das war verletzend. Für manche Leute schienen Taylor und ihre Gruppe einfach wie eine Gruppe gemeiner Mädchen aus.

Dennoch liefen die meisten Dinge gut für Taylor.

Ihre Entscheidung, sich von der Country-Musik abzuwenden und sich auf den Pop-Sound zu konzentrieren, hatte sich bewährt. Sie war eine der beliebtesten Entertainerinnen der Welt. In einem Interview im Oktober 2015 sagte sie: "Es gibt nichts, was ich an meinem Leben ändern würde."

KAPITEL 7

ANTIHELDIN

Das Jahr 2016 fing für Taylor gut an. Im Februar gewann sie mehrere Grammys, darunter den Preis für das Album des Jahres für "1989", womit sie die erste Frau war, die diesen Preis zweimal als Solokünstlerin gewann. Doch ein paar Tage vor der Preisverleihung hatte Kanye West seinen neuen Song "Famous" bei einer Modenschau aufgeführt. In dem Song sprach er Taylor die Ehre zu, sie berühmt gemacht zu haben. Aber er beschrieb sie mit Worten, die sie verärgerten. Nachdem sie sich über seinen Text beschwert hatte, erzählte Kanye den Medien, Taylor hätte vor der Veröffentlichung des Songs ein Gespräch mit ihm geführt, bei dem sie den Text genehmigt hätte. Taylors Manager behauptete, Kanye habe Taylor nur gefragt, ob er den Song auf ihrem Twitter-Account veröffentlichen dürfe. Taylor habe es abgelehnt.

Als Taylor ihren Grammy Award für das Album des Jahres

entgegennahm, nutzte sie ihre Rede, um Frauen zu sagen, sie sollten sich die Anerkennung für ihre Arbeit nicht von Männern nehmen lassen. Sie bezog sich damit eindeutig auf Kanyes Behauptung, er hätte sie berühmt gemacht.

Anfang Juni hatte sich Taylor von dem schottischen DJ Calvin Harris getrennt und war nun mit dem britischen Schauspieler Tom Hiddleston zusammen. Fotos des neuen Paares tauchten schnell überall auf, was dazu führte, dass misstrauische Menschen behaupteten, die Beziehung sei vorgetäuscht. Sie sagten, Taylor versuche nur, von der Kanye West-Story abzulenken.

Dann kam es noch schlimmer. Im April hatten Calvin und die beliebte Sängerin Rihanna einen Song namens "This Is What You Came For" veröffentlicht. Als Songschreiber wurden Calvin Harris und Nils Sjöberg angegeben. Doch am 13. Juli wurde in den Nachrichten bekannt, dass Nils Sjöberg in Wirklichkeit Taylor war. Sie hatte den Song unter diesem Namen geschrieben, weil sie wollte, dass die Leute über den Song sprechen und nicht über ihre Beziehung zu Calvin. Calvin dachte jedoch, Taylor hätte die Information absichtlich weitergegeben. Er beschwerte sich in den sozialen Medien, dass Taylor versuchte, ihm die Anerkennung zu entziehen.

Der 16. Juli ist der Weltschlangentag. Im Juli 2016 nannte Kim Kardashian, die damalige Ehefrau von Kanye

West, Taylor in den sozialen Medien eine Schlange. Dann veröffentlichte sie einen dreiminütigen Clip von dem Telefonat, das Kanye mit Taylor über seinen Song “Famous” geführt hatte. In dem Clip schien Taylor mit von Kanye verwendeten Worten, einverstanden zu sein. Sie dankte ihm sogar dafür, dass er sie zuerst gefragt hatte.

Taylor erwiderte, der Clip zeige nur einen kleinen Teil des Telefongesprächs. Sie sagte, dass die Worte, die er in dem Lied verwendete, anders waren als die, denen sie zugestimmt hatte.

Aber einige Leute wollten nicht auf sie hören. Sie begannen, sie eine Schlange zu nennen. Sie erklärten, sie sei kaltblütig. Sie plane alles, um sich selbst gut und andere schlecht dastehen zu lassen. Sie behaupteten, sie versuche immer, Aufmerksamkeit zu bekommen. Die Kommentatoren posteten überall auf Taylors Social-Media-Seiten Schlangen-Emojis. Das Hashtag #TaylorSwiftIsOverParty war ein Trend auf Twitter. Überall im Internet erschienen Artikel mit Titeln wie "Wann haben Sie zum ersten Mal gemerkt, dass Taylor Swift Sie anlügt".

Taylor war niedergeschmettert. Sie hatte immer versucht, die Leute dazu zu bringen, sie zu mögen. Jetzt schien die ganze Welt sie nicht mehr zu mögen. Im August schrieb sie in ihr Tagebuch: "Dieser Sommer ist die Apokalypse". Es fühlte sich an wie das Ende ihrer Welt.

Im Herbst desselben Jahres begann Taylor, sich mit dem britischen Schauspieler Joe Alwyn zu treffen, und sie kamen überein, dass es für ihre Beziehung besser wäre, sie privat zu halten. Ihre Beziehung dauerte sechs Jahre.

Taylor trat bei Veranstaltungen im Oktober und im Februar auf. Doch danach schien sie zu verschwinden.

TAYLOR MIT JOE ALWYN, 2020

Sie wurde nur noch selten in der Öffentlichkeit gesehen. Sie postete nichts in den sozialen Medien und gab keine Interviews.

Im August 2017 tauchte Taylor endlich wieder auf, aber nicht für einen Auftritt oder eine Albumankündigung. Sie musste vor Gericht gehen.

Während einer Veranstaltung bei einem Radiosender im Jahr 2013 hatte ein DJ namens Dave Mueller Taylor auf eine Weise berührt, die ihr unangenehm war. Sie zeigte ihn bei seinen Vorgesetzten an, und er wurde gefeuert. Im Jahr 2015 reichte er eine millionenschwere Klage gegen Taylor ein und behauptete, sie habe seine Karriere ruiniert. Taylor verklagte ihn zurück - für einen Dollar. Sie sagte vor Gericht über den Vorfall aus und gewann den Prozess. Taylor verkündete, sie hoffe, dies würde andere Frauen ermutigen, aktiv zu werden, wenn jemand sie verletzt hat.

Später im Jahr 2017 wurden die “Schweigen-Brecherinnen”, die sich über Übergriffe geäußert hatten, vom TIME-Magazin zur Person des Jahres ernannt. Taylor war eine der Frauen, die die “Silence Breakers” auf dem Titelbild des Magazins repräsentierten.

Am 18. August löschte Taylor alle ihre alten Beiträge in den sozialen Medien. Ihre Website wurde zu einem schwarzen Bildschirm. Dann postete sie ein Video einer Schlange auf Twitter.

Ein paar Tage später kündigte Taylor ihr neues Album an. Es sollte den Titel *“Reputation”* tragen.

KAPITEL 8

SCHAU WOZU DU MICH GEBRACHT HAST

Taylor hatte keine Interviews gegeben, um ihr neues Projekt zu bewerben. Stattdessen veranstaltete sie geheime Hörsessions für ihre Fans, ähnlich wie sie es für ihr Album 1989 getan hatte. Außerdem stellte sie ihre gesamte Musik still und heimlich auf Spotify ein.

Taylor veröffentlichte Reputation am 10. November 2017. Es unterschied sich stark von ihren anderen Werken.

Es enthielt einige der Elemente der elektronischen Tanzmusik, die Taylor in ihren vorherigen Alben verwendet hatte, aber diese Sammlung setzte mehr

Hip-Hop-Beats ein. In einigen Songs spielte Taylor die Rolle der kaltblütigen "Schlange", als die sie 2016 bezeichnet worden war. Die Texte erzählten Geschichten darüber, böse zu sein und Ärger zu verursachen. Aber andere Songs auf dem Album waren hoffnungsvoller. Sie handelten davon, Liebe und Frieden zu finden.

Taylors Album Reputation debütierte auf Platz eins der US-Billboard-Charts. Es wurde das meistverkaufte Album in den Vereinigten Staaten im Jahr 2017.

Am 8. Mai 2018 begann Taylor die Reputation Stadium Tour in Arizona. Die Show hatte eine dramatische Beleuchtung und große Tanznummern. Eine riesige, aufgeblasene Schlange füllte die Bühne für einen Teil der Show. Aber es gab auch ruhigere Momente, in denen Taylor nur Gitarre oder Klavier spielte, während sie sang. Sie sprach ehrlich mit dem Publikum über ihre Gefühle und versicherte ihm, wie dankbar sie für seine Unterstützung sei. Und nach jeder Show traf sich Taylor noch privat mit einer Gruppe von Fans.

Die Tournee endete im November 2018 in Tokio, und die Shows wurden von mehr als

2,5 Millionen Menschen gesehen. Wer gedacht hatte, Taylors Karriere sei 2016 vorbei, wurde eines Besseren belehrt.

Nach der Tour fühlte sich Taylor so gut wie seit Jahren nicht mehr. Sie hatte aufgehört, sich über ihr Gewicht

Gedanken zu machen und war gesünder. Sie hatte gelernt, dass sie es nicht jedem recht machen konnte. Die einzigen Menschen, auf die es ankam, waren diejenigen, die sich wirklich um sie kümmerten. Und Taylor wusste jetzt, sollte ihr etwas Schlimmes zustoßen, könnte sie sich davon erholen.

Taylor fühlte sich auch endlich stark genug, sich zu wichtigen Themen zu äußern. Während der schwierigen Präsidentschaftswahlen 2016 hatten viele Prominente öffentlich einen der beiden Hauptkandidaten unterstützt. Taylor hatte das nicht getan, und die Leute kritisierten sie für ihr Schweigen. Sie argumentierten, hätte Taylor einen Kandidaten unterstützt, hätten sich viele ihrer Fans im wahlberechtigten Alter registrieren lassen, um zu wählen. Einige meinten sogar, Taylor hätte das Wahlergebnis vielleicht ändern können.

Taylor war in der Welt der Country-Musik aufgewachsen, in der Musiker angehalten wurden, sich aus der Politik herauszuhalten. Country-Stars wurden gewarnt, sie riskierten, die Hälfte ihres Publikums zu verärgern, sollten sie einen Kandidaten wählen. Die Chicks hatten viele ihrer Fans verloren, nachdem sie Präsident George W. Bush kritisiert hatten.

Aber Taylor hatte das Gefühl, sie müsste etwas sagen, und zwar jetzt. Im Jahr 2018 fand in Tennessee eine wichtige Senatswahl statt. Taylor sah, dass die republikanische Kandidatin Marsha Blackburn für Gesetze gestimmt hatte, die der queeren Gemeinschaft schadeten, und gegen Gesetze stimmte, die Frauen vor Gewalt schützten. (Queer ist ein Begriff, der verwendet werden kann, um jeden zu beschreiben, der nicht cis gender ist und/oder sich nicht ausschließlich zu Menschen des anderen Geschlechts hingezogen fühlt.) Taylor beschloss, ein Zeichen gegen Blackburn zu setzen. Sie wollte ankündigen, sie würde Blackburns Gegner, den demokratischen Kandidaten Phil Bredesen, unterstützen.

Taylors Management-Team war gegen ihren Plan. Sie befürchteten, sie könnte Fans verlieren. Ihr Vater befürchtete, Taylor könnte dadurch in Gefahr geraten. Aber sie hatte das Gefühl, dass sie etwas tun musste.

Im Oktober 2018 veröffentlichte Taylor einen Instagram-Post, in dem sie ihre Entscheidung erklärte. Außerdem rief sie die Menschen auf, sich zur Wahl registrieren. In den vierundzwanzig Stunden nach Erscheinen ihres Posts registrierten sich fünfundsechzigtausend Menschen für die Wahl.

Taylor war enttäuscht, als Blackburn das Rennen gewann. Aber sie fühlte sich jetzt freier und war froh, dass sie sich für ihre Überzeugungen eingesetzt hatte.

Taylor beschloss, Big Machine Records zu verlassen, als ihr Vertrag 2018 auslief. Bevor sie ging, versuchte sie, ihre Master-Aufnahmen von der Firma zu kaufen. Master sind die Originalaufnahmen, von denen alle zukünftigen Albumkopien erstellt werden. Der Eigentümer der Master-Aufnahmen hält das Urheberrecht an dieser Aufnahme. Interpreten, Songschreiber und Eigentümer von Songs verdienen jedes Mal Geld, wenn ein Song oder ein Album im

Radio oder bei einem Streaming-Dienst gespielt wird.

Der Eigentümer des Masters erhält jedoch den größten Betrag. Er wird auch bezahlt, wenn die Aufnahme in Filmen, Fernsehsendungen oder Videospielen verwendet wird.

Taylor besaß die Rechte am Songwriting ihrer Musik. Aber sie wollte auch die Masteraufnahmen haben. Sie hatte das Gefühl, diese Aufnahmen erzählten ihre Lebensgeschichte. Sie waren persönlich. Am Ende konnte sie keinen Vertrag mit Big Machine abschließen, und sie behielten ihre Master ein. Im November 2018 unterzeichnete Taylor einen Plattenvertrag mit der Universal Music Group. Dieser Vertrag ermöglichte es ihr, die Master-Aufnahmen für ihre neuen Alben zu besitzen. Taylor nahm die Kontrolle über ihre Zukunft in die Hand.

KAPITEL 9

MISS AMERICANA

Anfang 2019 hatte Taylor die Chance, eine Rolle in der Filmversion des Musical-Klassikers Cats zu übernehmen. Das war die perfekte Besetzung für die Katzenliebhaberin!

Vor den Dreharbeiten besuchten die Darsteller eine "Katzenschule". Sie verbrachten Stunden damit, zu üben, wie man sich wie eine Katze bewegt und zu lernen, wie Katzen denken. Taylor bekam auch die Gelegenheit, zusammen mit dem Komponisten des Musicals, Andrew Lloyd Webber, einen neuen Song für den Film zu schreiben: “Beautiful Ghosts”.

Im April 2019 veröffentlichte Taylor ein Video zu ihrem neuen Song “ME!”. In einem Teil des Videos hält Taylor ein Kätzchen. Während der Dreharbeiten verliebte sie sich in das Kätzchen, adoptierte es und nannte es Benjamin Button.

Im Juni 2019 gab Big Machine bekannt, dass das gesamte Plattenlabel und alle Master von Taylor an ein Unternehmen im Besitz von Scooter Braun verkauft worden waren. Scooter managte mehrere erfolgreiche Musiker. Taylor war entsetzt. Sie hatte das Gefühl, Scooter wäre im Jahr 2016 einer ihrer schlimmsten Tyrannen gewesen, weil er sich in jenem Jahr öffentlich auf die Seite von Kanye gestellt hatte. Das

SCOOTER BRAUN

Wissen, Scooter würde nun Geld mit ihrer früheren Arbeit verdienen, verletzte Taylor sehr.

Scooter Braun

Am 22. August 2019 schlug sie zurück. Sie kündigte an, dass sie alle Alben, die sie für Big Machine aufgenommen hatte, neu einspielen wolle. Taylor hoffte, die Leute würden ihre neuen Versionen mehr hören als die alten.

Am nächsten Tag veröffentlichte Taylor Lover. Sie nannte es "einen Liebesbrief an die Liebe selbst". Mit diesem Album kehrte sie zurück zur leichter klingenden Popmusik nach der Düsternis von Reputation und schweren Dance Beats. Lover wurde das meistverkaufte Album des Jahres 2019.

Im Januar 2020 wurde Miss Americana, ein Dokumentarfilm über die letzten Jahre von Taylors Leben, auf dem Sundance Film Festival in Utah uraufgeführt.

Der Film gab einen Einblick in Taylors Gefühle und ihre Fähigkeiten als Songwriterin. Er zeigte auch, wie Taylor zum ersten Mal über ihre früheren Probleme mit ihrem Körperbild und ihrer ungesunden Beziehung, die sie zum Essen entwickelt hatte, sprach. Experten für Essstörungen lobten Taylors Ehrlichkeit und hofften, dass sie andere mit ähnlichen Problemen ermutigt, Hilfe zu suchen.

Taylor plante, 2020 auf Tournee zu gehen, aber sie entschied sich, die Tournee viel kürzer als üblich zu gestalten, weil der Krebs ihrer Mutter zurückgekehrt war. Taylor wollte so oft wie möglich in ihrer Nähe sein.

NEUAUFNAHME

Taylor Swift ist nicht die erste Musikerin, die ihre Musik neu aufnimmt, um die Master zu besitzen. Im Jahr 1960 gründete der berühmte Sänger Frank Sinatra seine eigene Plattenfirma. Er beschloss, seine Songs für sein neues Label neu aufzunehmen, um damit Geld zu verdienen. Auch der Country-Star Reba McEntire und die Rockband Def Leppard haben ihre Musik neu aufgenommen, um die Master zu besitzen. Viele Künstler haben ihre Songs neu aufgenommen, wenn ein Film oder eine Fernsehsendung darum bittet, sie zu verwenden.

REBA MCENTIRE

Doch Taylors Pläne änderten sich drastisch. Im März 2020 löste ein tödliches neues Virus die COVID-19-Pandemie aus, die die meisten Reiseformen zum Erliegen brachte. Die Behörden forderten die Menschen auf, in ihren Häusern zu bleiben, um die weitere Ausbreitung der Krankheit zu verhindern. Wie alle anderen befolgte auch Taylor die Regeln und blieb zu Hause. Sie sah sich alte Filme an und las klassische Romane. Als sie sah, dass einige ihrer Fans in den sozialen Medien über ihre finanziellen Probleme berichteten, schickte sie Geld. Sie spendete auch an Lebensmittelbanken, die Amerikanern halfen, die aufgrund der Pandemie ihre Arbeit verloren hatten.

In den ersten Tagen der Pandemie wurde der vollständige Mitschnitt von Taylors Telefonat mit Kanye West aus dem Jahr 2016 veröffentlicht. Daraus ging hervor, dass Kanye gelogen hatte, als Taylor ihm die Erlaubnis verweigerte, ihre Worte zu verwenden. Aber Taylor hatte die Sache längst überwunden.

Am 23. Juli 2020 überraschte Taylor die Welt, indem sie ankündigte, sie beabsichtige, ihr achtes Album in dieser Nacht um Mitternacht zu veröffentlichen.

Es würde Folklore heißen.

Es war anders als alle anderen Alben von Taylor. Normalerweise schrieb sie Lieder über ihre eigenen Gefühle und Erfahrungen. Dieses Mal waren viele der Songs Geschichten über Figuren, die sie erfunden hatte. Die Hintergrundinstrumente, die in den Liedern verwendet wurden, waren meist Gitarren und Keyboards. Es klang mehr nach ruhigen Folksongs als nach Popordance Musik.

Taylor hatte es aus der Ferne aufgenommen und mit anderen Produzenten und Komponisten über virtuelle Videoanrufe und Aufnahmesitzungen koordiniert. Dann, am 11. Dezember, nur zwei Tage vor ihrem 31. Geburtstag, veröffentlichte Taylor ein weiteres Album. Wie Folklore erzählte auch Evermore Geschichten über verschiedene fiktive Charaktere. Taylor erzählte, sie konnte nach der Fertigstellung von Folklore "einfach nicht aufhören, Songs zu schreiben.

Also schrieb ich sie einfach weiter.

Im März 2021 wurde Folklore bei der Grammy-Verleihung als Album des Jahres ausgezeichnet. Taylor war die erste Frau, die den Preis dreimal gewann und damit ihren eigenen Rekord brach.

Bald darauf, im April 2021, veröffentlichte Taylor das erste ihrer neu aufgenommenen Alben. Fearless (Taylor's Version) zeigt ihre Herangehensweise an dieses Projekt. Sie versuchte, die Songs so aufzunehmen, wie sie die Originale aufgenommen hatte. Sie nahm nur dann Änderungen vor, wenn es nötig war. Und sie nahm sechs neue Songs auf. Dabei handelte es sich um Songs, die sie während der ursprünglichen Aufnahme von Fearless geschrieben hatte, die aber nicht auf das Album passten.

Im November folgte Taylor mit der Veröffentlichung von Red (Taylor's Version). Die größte Änderung betraf den Song "All Too Well". Das Original war weniger als sechs Minuten lang gewesen.

Die neue Aufnahme war zehn Minuten lang und Taylor führte bei dem dazugehörigen Musikvideo Regie.

Im Jahr 2022 schien Taylors Musik überall zu sein. Taylor

selbst hatte nur wenige Auftritte. Im August tauchte sie bei den MTV Music Awards auf. Als sie den Preis für das Video des Jahres für "All Too Well" entgegennahm, machte sie eine überraschende Ankündigung. Ihr nächstes Album würde im Oktober erscheinen.

ZURÜCKGEBEN

Taylor hat in ihrer Karriere eine Menge Geld verdient, aber sie gibt auch Bedürftigen etwas zurück. Sie half einem Fan, ein Haus zu kaufen, der obdachlos und schwanger war. Einem Fan schickte sie Geld, um die Studiengebühren zu bezahlen, und einem anderen Fan gab sie 1.989 Dollar zur Begleichung ihrer Studienkreditschulden.

Sie spendete 15 500 Dollar, um der Familie eines Fans zu helfen, dessen Mutter im Koma lag. Sie bezahlte einen Diensthund für einen Fan mit Autismus und spendete 10.000 Dollar für die Krebsbehandlung eines anderen Fans. Sie hat Hunderttausende von Dollar für die Krebsforschung gespendet.

Taylor hat auch an Gruppen gespendet, die Menschen helfen, die von sexuellen Übergriffen und häuslicher Gewalt betroffen sind. Sie hat Geld für den Kampf für die Rechte von Queers gespendet.

Und natürlich hat Taylor Geld an Katzenrettungsgruppen und Tierheime gespendet.

Taylor Swift
St. Jude
Twenty- five thousand
A M Entertainer of the Year

KAPITEL 10

TAYLOR'S VERSION

Taylor sagte, die Songs auf ihrem neuen Album *"Midnights"* seien aus der Frage "Was hält dich nachts wach?" entstanden. Das daraus resultierende Album zeigt, auch erfolgreiche Menschen können mit Selbstzweifeln zu kämpfen haben.

Am 1. November 2022 kündigte Taylor ihre erste Tournee seit 2018 an. Sie hieß "Eras Tour" und jedes ihrer Alben repräsentierte eine andere Ära oder Periode in ihrer Karriere. Die Tickets für die Eras Tour sollten am 18. November in den Verkauf gehen. Aber Fans, die sich für einen speziellen

Code angemeldet hatten, konnten bereits am 15. November Tickets kaufen. An diesem Tag versuchten Millionen von Nutzern, Tickets über Ticketmaster, eine Website für den Online-Ticketverkauf zu bekommen, aber die Website stürzte aufgrund des großen Andrangs ab. Viele der Tickets gingen an professionelle Wiederverkäufer, die sie zu extrem hohen Preisen an die Fans zurückverkauften.

Das Ticketmaster-Desaster veranlasste einige Fans, Ticketmaster zu verklagen, und die US-Regierung leitete eine Untersuchung über die Kontrolle von Ticketmaster über die Ticketverkaufsbranche ein.

Die Tournee begann offiziell im März 2023, wobei Taylor mehrere Songs aus jeder Ära ihrer langen Karriere spielte. Sie spielte Songs wie “Tim McGraw” und “You Belong With Me” aus ihrer Country-Musik-Ära, “Shake It Off” und “We Are Never Ever Getting Back Together” aus ihrer Popstar-Ära und “. . . Ready for It?” aus ihrer kantigen, dunklen Ära. Die Show wurde zu einem der größten Ereignisse des Jahres 2023. Für viele junge Fans war es die erste Gelegenheit, Taylor live zu sehen. Fans, die mit Taylor aufgewachsen waren, brachten nun ihre Kinder mit.

Die Menschen standen tagelang vor den Stadien Schlange, um die offiziellen Merchandising-Artikel der Tournee kaufen zu können. Diejenigen, die keine Tickets bekommen konnten, versammelten sich vor den Stadien, um ihrer Lieblingsmusikerin zuzuhören und mitzusingen. Es war eine Chance für langjährige Fans, sich wieder zu treffen, und für neue Fans, Freundschaften zu schließen. Die Show schien alle zusammenzubringen.

Am 7. Juli 2023 veröffentlichte Taylor *Speak Now (Taylor's Version).* Das Album stieg auf Platz eins der Billboard-Charts ein und schloss sich *Midnights, Folklore* und *Lover* an.

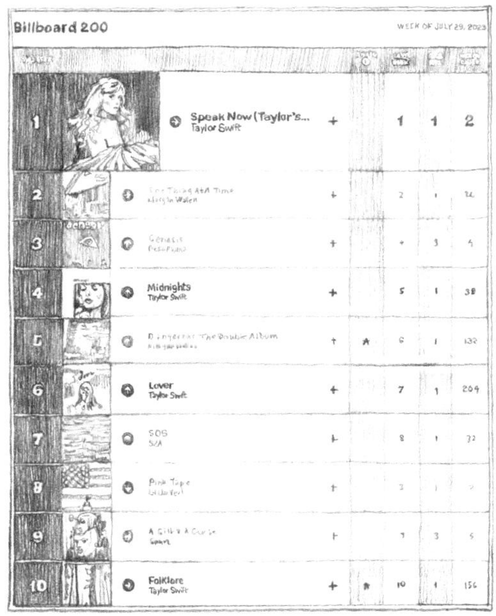

Taylor war die erste Frau, die vier Alben gleichzeitig in den Billboard-Top Ten hatte.

Taylor hatte einen großen Einfluss auf die Musikindustrie. Sie nutzte ihre Songs, Touren und Posts in den sozialen Medien, um eine persönliche Beziehung zu ihren Fans aufzubauen. Als Reaktion darauf haben ihre Fans ihr eine unglaubliche Loyalität entgegengebracht. Taylors Kampf mit Apple Music hat die Art und Weise, wie der Streaming-Dienst Musiker bezahlt, verändert. Der Erfolg von *Taylor's "Version"*-Alben hat anderen Künstlern gezeigt, wie wichtig es ist, dass ihnen ihre Arbeit gehört und dass sie sich das zurückholen können, was ihnen rechtmäßig zusteht.

RITUALE DER ERAS TOUR

Für Taylors Fans war die Eras Tour eine echte interaktive Erfahrung. Die Zuschauer hörten nicht nur ihren Liedern zu. Sie wussten, wann sie bestimmte Texte besonders laut singen mussten. Sie stimmten Sprechchöre an, die bereits auf anderen Tourneen verwendet wurden, und fügten neue hinzu.

Einige Fans fertigten Armbänder an, auf denen Texte aus Taylors Liedern, Sprechchöre aus der Show oder andere Wörter mit besonderer Bedeutung zu lesen waren. Die Fans schlossen Freundschaften, als sie vor und während der Show Armbänder tauschten. Nach der Show teilten sie Fotos und Videos von den Armbändern, die sie gesammelt hatten, in den sozialen Medien. Die Armbänder waren eine Möglichkeit, ein wunderbares Erlebnis zu teilen.

Taylor lebte ihr Leben vor den Augen der Welt, und das war nicht immer einfach. Sie erlebte ihre erste Liebe und ihren Herzschmerz in der Öffentlichkeit. Als sie ihre Lebensgeschichte und ihre Gefühle in Songs verarbeitete, wurde sie von einigen Leuten ausgelacht. Andere hingegen fanden Trost in dem Wissen, dass jemand anderes dieselben Gefühle hatte. In Taylors Musik ist für jeden etwas dabei. Das Internet ist voll von Artikeln mit Titeln wie "Ein Taylor Swift-Song für jede Situation" oder "Ein Taylor Swift-Text für jede Emotion".

Heute hat Taylor die Beziehungen zu vielen der Menschen, über die sie in ihren Songs schrieb, hinter sich gelassen oder wiederhergestellt, darunter auch Katy Perry.

Im Mai 2022 erhielt Taylor von der New York University den Ehrendoktortitel der Schönen Künste. Sie hielt eine Rede vor den Absolventen. Taylor sprach über das, was sie beim Erwachsenwerden gelernt hatte. Sie gab den Zuhörern mit auf den Weg, sie würden im Leben Fehler machen, genau wie sie selbst.

Aber sie erklärte, am meisten hätte sie aus ihren Misserfolgen gelernt. Sie erinnerte die Absolventen daran, dass

Menschen, die etwas verlieren, oft auch etwas gewinnen.

Das Jahr 2023 war für Taylor mit vielen großen Erfolgen gefüllt. Im Oktober veröffentlichte sie das Album *1989 (Taylor's Version)* und den Film *Eras* Tour. Sowohl das Album als auch der Film halfen Taylor, mehrere Rekorde zu brechen. Im Dezember war sie die erste lebende Musikkünstlerin, die fünf ihrer Alben gleichzeitig in den Top Ten der Billboard-Liste hatte. Im selben Monat wurde der Film *Eras* Tour zum erfolgreichsten Konzertfilm aller Zeiten. Aufgrund ihrer Leistungen wählte das TIME-Magazin sie zur Person des Jahres.

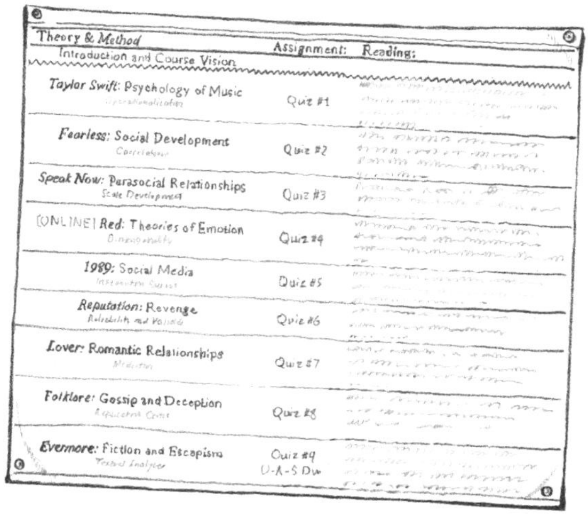

COLLEGE-KURS ÜBER
TAYLORS SONGTEXTE

Taylor ist für viele Dinge bekannt - Country-Sängerin, Popstar, Klatschmagnet, Geschäftsfrau, Katzenliebhaberin und beste Freundin ihrer Fans.

Aber sie hat sich selbst immer in erster Linie als Songwriterin gesehen. Für Taylor begann alles mit Worten und ihrer Liebe zum Schreiben. Einige College-Professoren unterrichten sogar Kurse, in denen Taylors Texte als Literatur studiert und ihre Alben verwendet werden, um über verschiedene Themen der Psychologie zu sprechen (das

Studium, wie Menschen denken, fühlen und sich verhalten).

Taylors Leben zählt zu einer eigenen Form der Literatur – es ist ein sehr offenes Buch! Sie sagte einmal: “Ich betrachte Alben immer als Kapitel in meinem Leben.“ Und an die Fans: „Ich bin so froh, dass euch dieses Album gefällt. Ich bin so glücklich, denn das bedeutet, ihr mögt dieses Album. Aber ich muss ganz ehrlich zu euch sein: Noch mehr freue ich mich auf das nächste Kapitel.”

ZEITLINIE DES LEBENS VON TAYLOR SWIFT

1989	Taylor Swift wird am 13. Dezember in West Reading, Pennsylvania, geboren.
2002	Sie beginnt, Gitarre zu spielen und Songs zu schreiben
2003	Unterzeichnet einen Entwicklungsvertrag mit RCA Records
	Zieht nach Nashville
2005	Unterzeichnet einen Plattenvertrag mit Big Machine Records
2006	Veröffentlicht ihr erstes Album mit dem Titel *Taylor Swift*
2008	Veröffentlicht *Fearless*
2010	Gewinnt bei der Grammy-Verleihung das Album des Jahres für *Fearless*
	Veröffentlicht *Speak Now*
2012	Veröffentlicht *Red*
2013	Eröffnet das Taylor Swift Education Center in Nashville
2014	Veröffentlicht *1989*
2017	Sie wurde vom TIME-Magazin zur Person des Jahres ernannt und gehört zu den "Silence Breakers"
	Veröffentlicht *Reputation*
2019	Veröffentlicht *Lover*
2020	Veröffentlicht *Folklore* und *Evermore*
2022	Veröffentlicht *Midnights*
2023	Startet die Eras Tour

ZEITLINIE DER WELT

Die Berliner Mauer, die Ost- und Westdeutschland trennt, fällt	1989
Terroristen entführen Flugzeuge und stürzen sie in das World Trade Center und das Pentagon.	2001
Das erste YouTube-Video ist hochgeladen	2005
Iron Man, der erste Film des Marvel Cinematic Universe, wird veröffentlicht	2008
Barack Obama wird als vierundvierzigster Präsident der Vereinigten Staaten in sein Amt eingeführt	2009
Encyclopaedia Britannica stellt ihre Druckausgabe ein und wird nur noch online veröffentlicht	2012
Malaysia-Flug 370 verschwindet	2014
Rund fünfhunderttausend Menschen nehmen am Women's March in Washington DC teil	2017
Wissenschaftler finden Hinweise auf einen Wasserkörper auf dem Mars	2018
Maine wird der erste Staat, der Styroporbehälter verbietet	2019
Die COVID-19-Pandemie breitet sich auf der ganzen Welt aus	2020
Der Juneteenth wird ein staatlicher Feiertag	2021
Russland marschiert in die Ukraine ein	2022
Das USDA genehmigt den ersten Impfstoff für Insekten zum Schutz von Honigbienen vor einer tödlichen Krankheit	2023

QUELLEN

Aguirre, Abby. *"Taylor Swift on Sexism, Scrutiny, and Standing Up for Herself"*. **Vogue,** August 8, 2019. https://www.vogue.com/ article/taylor-swift-cover-september-2019.

Eells, Josh. *"The Reinvention of Taylor Swift."* **Rolling Stone,** September 8, 2014. https://www.rollingstone.com/music/ music-news/the-reinvention-of-taylor-swift-116925/.

Hiatt, Brian. *"Taylor Swift in Wonderland."* **Rolling Stone,** October 25, 2012. https://www.rollingstone.com/music/music-news/ taylor-swift-in-wonderland-180107/.

Hiatt, Brian. *"Taylor Swift: The Rolling Stone Interview."* **Rolling Stone,** September 18, 2019. https://www.rollingstone. com/music/music-features/taylor-swift-rolling-stone- interview-880794/.

Klosterman, Chuck. *"Taylor Swift on 'Bad Blood', Kanye West, and How People Interpret Her Lyrics."* **GQ,** October 15, 2015. https:// www.gq.com/story/taylor-swift-gq-cover-story.

Mischer, Don, und Ryan Polito, Regisseure. **Die Reise nach Fearless.** Film Signal, Hasbro Studios, 2010. 2 Std., 11 Min.

Raab, Scott. *"Why Taylor Swift Welcomed You to New York."* **Esquire,** Oktober 20, 2014. https://classic.esquire.com/ article/2014/11/1/taylor-swift.

Snapes, Laura. *"Taylor Swift: 'I Was Literally About to Break.'* " **The Guardian,** August 24, 2019. https://www.theguardian.com/ music/2019/aug/24/taylor-swift-pop-music-hunger-games- gladiators.

Stubbs, Dan. *"Taylor Swift: Power, Fame and the Future."* **NME,** 9. Oktober 2015. https://www.nme.com/features/taylor- swift-power-fame-and-the-future-the-full-nme-cover- interview-549.

Swift, Taylor. *"30 Things I Learned Before Turning 30."* **Elle,** 6. März 2019. https://www.elle.com/culture/celebrities/a26628467/ taylor-swift-30th-birthday-lessons/.

Wilson, Lana, Regisseurin. **Miss Americana.** Tremolo Productions, 2020. 1 Std., 25 Min. https://www.netflix.com/title/81028336.